PREMIÈRES NOTIONS

D'ÉCONOMIE SOCIALE

PAR

Th. VILLARD

Membre du Conseil supérieur du Travail.

Armand COLIN & Cie, Éditeurs

5, RUE DE MÉZIÈRES, PARIS

PREMIÈRES NOTIONS

D'ÉCONOMIE SOCIALE

PAR

TH. VILLARD

Membre du Conseil supérieur du Travail

PARIS

ARMAND COLIN ET Cie, ÉDITEURS

5, RUE DE MÉZIÈRES

1896

AVANT-PROPOS

Ces premières notions d'économie sociale s'adres-
sent aux adolescents qui, sur le point de quitter
l'enseignement scolaire, vont aborder l'enseignement
professionnel.

Il semble utile de leur dire que cette vie nouvelle,
où ils seront obligés déjà de se gouverner eux-mêmes,
sera leur entrée dans la *société*;

Que la *société* est constituée selon certaines règles;
qu'il faut les apprendre pour pouvoir se diriger et
pour atteindre au bien-être.

Souvent ces règles seront difficiles à comprendre
et peut-être à retenir, car elles sont difficiles à expliquer. Mais ces mots appris et compris dans la jeunesse ne seront plus, pour la nouvelle génération, ce
que disait un vieil ouvrier : « des mots de révolution ».

Ou doit-on les apprendre, si ce n'est à l'école? Et

combien il y aura moins de malentendus entre gouvernants et gouvernés, entre patrons et ouvriers, quand tout le monde parlera la même langue, la langue sociale!

Il a semblé utile d'expliquer aux enfants les avantages de certaines institutions, telles que *Caisse d'épargne*, *Assurances*, *Associations*, etc., de leur donner quelques notions sur la statistique et sur certaines conditions générales de l'existence sociale, institutions et connaissances malheureusement encore ignorées ou mal comprises.

Qui doit les faire connaître, si ce n'est l'école?

Certes il est bon d'apprendre à l'enfant combien glorieuse a été la France à diverses époques. Mais n'est-il pas aussi nécessaire de leur enseigner le moyen d'éviter le dénûment et d'atteindre, sinon au bonheur, tout au moins à ce que la vie peut en donner? N'est-ce pas le vrai progrès, le vrai devoir du maître?

PREMIÈRES NOTIONS
D'ÉCONOMIE SOCIALE

CHAPITRE PREMIER

De la science sociale.

1. *Qu'est-ce que la société?*

La société est une réunion d'êtres humains ayant les mêmes usages et obéissant aux mêmes lois.

2. *A quoi peut-on comparer la société?*

On peut comparer la société à une famille, dont chaque membre a ses droits et ses devoirs envers la collectivité.

On peut la comparer mieux encore au corps humain, dont toutes les parties et toutes les fonctions sont solidaires.

Dans le corps humain, la respiration, la digestion, la circulation du sang obéissent à des lois naturelles.

Dans la société, les rapports d'homme à homme sont régis par des lois sociales.

3. *Comment peut s'appeler l'ensemble de ces lois sociales?*

L'ensemble de ces lois constitue une science qui s'appelle l'Économie sociale.

4. *Qu'est-ce que l'Économie sociale?*

L'Économie sociale est la science qui observe, classe,

compare et combine tous les phénomènes de la vie sociale, c'est à-dire de la vie en commun.

5. *Que signifie le mot économie?*

Le mot économie veut dire bon ordre et organisation.

6. *Quel est le but de l'Économie sociale?*

Le but de l'Économie sociale est d'obtenir pour l'homme les meilleures conditions d'hygiène, d'alimentation, d'édu cation et de travail, afin qu'il puisse fournir toute la somme d'activité dont il est capable.

7. *Par quel moyen peut-on se rendre compte des différentes conditions de la vie sociale?*

On peut se rendre compte des différentes conditions de la vie sociale par l'observation et surtout par la statistique, c'est à-dire par le groupement méthodique et la comparaison des phénomènes qui se produisent dans l'ordre physique ou social.

8. *Quelle différence y a-t-il entre la science sociale et la science politique?*

La science politique s'occupe des rapports entre États, entre gouvernements, entre citoyens; l'Économie sociale ne s'occupe que des rapports des hommes entre eux dans les fonctions de la vie sociale.

9. *Quel est le rôle principal de l'Économie sociale?*

Le rôle principal de l'Économie sociale est de défendre les personnes et les droits de chacun, de donner aux meilleurs travailleurs le meilleur salaire; à l'industrie qui naît les moyens de se développer; aux malheureux le moyen de travailler; aux faibles et aux infirmes assistance et pro tection.

10. *Quel est le principe de l'Économie sociale?*

L'Économie sociale a pour principe la volonté humaine,

elle cherche à satisfaire nos aspirations vers la justice et recherche les moyens pratiques de donner aux hommes le bien-être et l'aisance matérielle.

CHAPITRE II

De la solidarité.

11. *L'homme est-il un être sociable?*

L'homme est un être sociable et la sociabilité, c'est-à-dire la vie en commun, est une des conditions essentielles de son existence.

12. *La nature offre-t-elle d'autres exemples de sociabilité?*

Oui, certains animaux comme les hirondelles, les abeilles, les fourmis, ou d'autres encore comme les éléphants, les bœufs et les chevaux sauvages, se groupent instinctivement.

13. *Quel noble sentiment le besoin de sociabilité a-t-il fait naître chez l'homme?*

Le noble sentiment qui a fait triompher l'homme de son égoïsme naturel est la Solidarité.

14. *Qu'est-ce que la Solidarité?*

La Solidarité, la plus nécessaire des vertus sociales, nous fait aimer notre semblable sans distinction de race ou de croyance.

15. *A quel sentiment obéit-on quand on porte secours à un être humain dont la vie est en danger?*

Quand on porte secours à un être humain dont la vie est en danger, on fait acte de solidarité, puisqu'on se dévoue à son semblable.

16. Quelle est la première manifestation de la Solidarité?

La première manifestation de la Solidarité chez l'homme est l'amour de la famille, qui développe en lui le dévouement et l'abnégation, garants de ses vertus sociales.

17. La Solidarité a t elle été connue et pratiquée dans tous les temps?

Oui, depuis les temps préhistoriques, où les hommes faibles, mal armés, se réunissaient dans les cavernes, dans les forêts, sur les lacs pour se défendre mutuellement contre les animaux, la Solidarité a été pratiquée. On la trouve progressant sans cesse avec l'humanité et la civilisation à travers l'histoire.

18. Comment se sont manifestés les progrès de la Solidarité?

Les progrès de la Solidarité se sont manifestés par le groupement toujours plus considérable des hommes pour le bien de l'humanité.

19. Qu'est-ce que pratiquer la Solidarité?

Pratiquer la Solidarité, c'est « vivre pour autrui », c'est connaître, aimer et servir l'humanité.

20. Quel est le résultat de la Solidarité?

La Solidarité rattache par un lien invisible tous les membres de la grande famille humaine. Elle se manifeste d'homme à homme, de peuple à peuple; elle doit contribuer à rendre les guerres et les dissensions moins fréquentes en s'efforçant de les conjurer par une entente commune.

21. Qu'arriverait-il si le développement des idées de solidarité s'arrêtait?

Si les idées de solidarité ne se développaient pas de plus en plus, la civilisation disparaîtrait et l'humanité serait vouée aux luttes et à la destruction.

CHAPITRE III

Phénomènes d'association et de solidarité dans l'antiquité.

22. *Que faut-il faire pour étudier et comprendre les phénomènes d'association et de solidarité dans la société actuelle?*

Pour étudier et apprécier les phénomènes actuels d'association et de solidarité, il est utile de connaître l'histoire de leur développement progressif dans notre société depuis son origine jusqu'à nos jours.

23. *Comment peut se diviser l'étude des phénomènes d'association et de solidarité?*

On peut diviser l'étude de l'association et de la solidarité en trois parties :

Dans l'antiquité;

Au moyen âge;

Aux temps modernes.

24. *Quelle fut la première forme de société dans l'antiquité?*

La première forme de société dans l'antiquité a été la famille qui se composait quelquefois de centaines de membres. Chaque famille représentait un petit gouvernement ayant son chef, ses dieux, ses prêtres.

25. *Comment vivaient ces familles?*

Ces familles vivaient à l'état nomade et n'avaient souvent entre elles ni rapports, ni liens. Tels furent vraisemblablement nos ancêtres, qui abandonnèrent l'Asie centrale pour venir s'établir en Europe et peupler nos différentes contrées.

26. *Quand ces familles renoncèrent-elles à la vie nomade?*

L'accroissement de leurs membres rendit plus difficile

1.

pour ces familles la subsistance, et les força à renoncer à la vie nomade pour se fixer dans une contrée et cultiver la terre.

27. *A quelle époque remontent les premières associations autres que la famille ?*

Les premières associations remontent à la fondation des villes. Pour bâtir ces villes et pour construire les monuments communs, temples ou autres, plusieurs familles durent s'associer et former entre elles des associations. .

28. *Donnez-nous quelques exemples des plus anciennes associations d'artisans et d'ouvriers ?*

On·employa des légions de maçons pour édifier, sur l'emplacement de la tour de Babel, les murs de la ville de Babylone, qui avaient 100 mètres de hauteur, 25 mètres de largeur et 80 kilomètres de circuit [1], avec des jardins au sommet ; ces travaux, bien qu'exécutés sous la direction d'un despote, donnèrent lieu, dit-on, à de grandes associations de travailleurs.

En Égypte, le creusement du lac Mœris, destiné à régler les crues du Nil et qui servit de nos jours au percement de l'isthme de Suez, est encore un témoignage de groupement, sinon d'association d'ouvriers, esclaves ou libres ; ces travaux durèrent de longues années.

Pour la construction du temple de Jérusalem, Salomon n'occupa pas moins de 3 600 surveillants de travaux qui formaient une société moitié religieuse et moitié laique ; ils avaient sous leurs ordres des milliers de travailleurs.

29. *Dans quelle autre ville célèbre se forma-t-il encore des associations de métiers ?*

Dès la fondation de Rome, il se forma des associations d'artisans, de potiers, d'ouvriers en bronze et en or, de

1. Hérodote, I, 178.

charpentiers et d'autres professions que l'on appelait *collèges.*

30. *Quelle situation était faite à ces différentes associations?*

Au commencement de l'Empire romain, au Ier siècle de notre ère, les collèges étaient obligés pour se former d'avoir l'autorisation de l'empereur; ils avaient des règles et des statuts empruntant presque toujours le caractère religieux.

31. *Ces associations de métiers prirent elles un grand développement?*

Oui, car elles étaient dans l'esprit public; malgré les édits de César qui voulut les supprimer, elles continuèrent à se multiplier dans toutes les branches de l'industrie, et à la fin de l'Empire, elles étaient si nombreuses que l'empereur dut les reconnaître et les accepter.

32. *Quelle fut la cause de cette progression?*

Pour assainir et embellir Rome qui s'agrandissait chaque jour, il fallut construire des aqueducs, des égouts, des routes; pour cela, on recruta des quantités innombrables d'ouvriers, et de nouvelles associations se formèrent.

33. *Ces associations étaient-elles indépendantes des pouvoirs publics?*

Certaines associations étaient restées indépendantes, mais le plus grand nombre était devenu un instrument de politique, ce qui fut cause de leur dissolution.

34. *Existait-il déjà des associations plus considérables que les associations de métiers?*

Oui, la *société des Ghildes,* antérieure au christianisme, était une association beaucoup plus considérable. On en retrouve la trace dans la Germanie et dans la Gaule sous l'occupation romaine.

Ces Ghildes pratiquaient la solidarité, non seulement au point de vue de la vie matérielle, mais encore ils sup pléaient à l'insuffisance des gouvernements d'alors en protégeant leurs membres contre les abus.

35: *Notre pays de Gaule a-t-il eu aussi ses associations?*

Oui, au temps où la Gaule était soumise aux Romains, on retrouve d'assez nombreuses associations d'ouvriers du fer, de vignerons et d'autres professions; une des plus importantes était celle des bateliers, qui s'appelaient *nautes*, d'où *Compagnie nautique*, c'est-à-dire négociants par eau. Plus tard, les *nautes parisiens* devinrent très influents dans la Cité; c'était parmi eux que l'on choisissait les édiles. La ville de Paris en a conservé le souvenir dans ses armes et dans sa devise [1].

36. *Des sociétés religieuses ont-elles pratiqué la solidarité?*

Dès le commencement du christianisme, les chrétiens donnèrent de grands exemples de solidarité; certaines associations religieuses ont été des centres de travail et de progrès, et leurs règles un type d'association et de solidarité.

37. *Quels enseignements devons-nous retirer de l'histoire des associations antiques?*

L'histoire de ces associations nous donne quelques exemples de travailleurs vivant comme en famille et acceptant courageusement tout ce que comporte de difficultés la vie en commun avec ses charges, ses luttes et ses avantages.

1. « Fluctuat nec mergitur », toujours ballotté, jamais submergé.

CHAPITRE IV

Phénomènes d'association et de solidarité au moyen âge.

38. *Quel nom fut donné aux associations au moyen âge?*

Les associations du travail prirent au moyen âge le nom de *corporations*.

39. *Les corporations prirent-elles un grand développement au moyen âge?*

Les corporations prirent un grand développement au moyen âge, époque comprise entre le v⁰ et le xv⁰ siècle. La France était couverte de châteaux féodaux et le peuple travailleur avait à se défendre contre les seigneurs qui tenaient en servitude les habitants des campagnes et des villes.

40. *Quel fut le résultat de cette lutte du peuple contre les seigneurs?*

Les habitants des villes s'insurgèrent et obtinrent le droit de se donner des magistrats, d'avoir des lois, une milice, des privilèges, et de former en quelque sorte de petits États qui dépendaient presque directement du roi.

41. *Quel nom fut donné à cette forme d'association?*

Au xiiᵉ siècle, sous le règne de Louis VI dit le Gros, cette forme d'association d'ordre politique reçut le nom de *commune*.

42. *N'y avait-il pas au même moment des associations d'un ordre différent?*

Oui, dans les communes mêmes, il se forma des associations d'hommes libres ou sociétés *tacites*, autrefois on disait *taisibles,* mot qui veut dire secret, dont on ne parle pas.

43. *Comment se formaient ces associations?*

Ces associations se formaient sans contrat. Le pain était leur emblème, d'où le nom qu'ils se donnèrent plus tard entre eux : « compain », c'est à-dire mangeant le pain ensemble, origine du mot « compagnon ».

44. *Comment étaient gérées ces sociétés?*

Ces sociétés étaient gérées par un chef élu. Maisons, tables, foyers, étaient communs entre les membres qu'unis saient les mêmes intérêts.

45. *Quel était le but de ces sociétés?*

Le but de ces sociétés était de lutter contre l'oppression des puissants et de se défendre contre les injustices.

46. *Quand se formèrent les corporations de métiers?*

Ce n'est qu'au xii° siècle, au moment où disparaît la féodalité et où apparaît la liberté individuelle, que les corporations de métiers se formèrent, vers le même temps qu'eut lieu l'affranchissement des communes.

47. *Était-ce une nécessité au moyen âge que ces corporations?*

Oui, ces corporations étaient une nécessité au moyen âge; l'individu n'étant protégé par aucune loi, il fallait défendre ses droits, venir en aide aux vieillards, secourir les malades et élever les orphelins.

48. *Les membres d'une même corporation vivaient-ils en bonne intelligence?*

Oui, il régnait entre les membres de la même corporation une véritable solidarité. Soumis aux mêmes règles, ils s'engageaient à payer le même salaire à leurs ouvriers et un maître pauvre acceptait volontiers de l'ouvrage d'un confrère plus fortuné.

49. *Par quels moyens subsistaient ces corporations de métiers ?*

Les corporations subsistaient par un prélèvement sur le produit de leur travail, elles avaient un trésor commun alimenté par les contributions de leurs membres et par les amendes dont on frappait ceux qui enfreignaient les règle ments.

50. *A quoi servait ce trésor ?*

Ce trésor servait à subvenir aux besoins des ouvriers pauvres, malades et infirmes.

51. *Comment ces corporations étaient-elles organisées ?*

L'organisation de ces corporations variait selon les métiers, mais toutes étaient assujetties à des règles géné rales.

52. *Faites nous connaître quelques-unes de ces règles ?*

Pour apprendre un métier, on entrait comme apprenti chez un maître. A l'origine, l'apprenti faisait en quelque sorte partie de la famille du maître, qui était chargé de son éducation morale et professionnelle.

53. *Qu'était-ce que l'apprentissage ?*

L'apprentissage était l'enseignement d'un métier, enseignement qui constituait un ensemble de connaissances tenues secrètes; chaque artisan devait les posséder toutes, préparer ses matières premières et souvent même fabriquer ses outils.

54. *L'apprentissage était il de longue durée ?*

Oui, l'apprentissage était long, astreint à des règles fixées avec soin et le nombre des apprentis était limité.

55. *Quand l'apprenti devenait-il ouvrier ?*

Lorsque l'apprenti avait réussi à faire un chef-d'œuvre, c'est-à-dire un objet parfait dans son métier, il passait ouvrier et pouvait s'établir s'il payait des droits ou travailler aux gages d'un maître.

56. *Comment l'ouvrier pouvait-il devenir maître?*

L'ouvrier ne pouvait passer maître qu'après avoir payé des redevances à la corporation ou au seigneur, et seulement s'il existait une place de maître vacante, car le nombre en était limité.

57. *Qui s'occupait de régir chaque corporation?*

Chaque corporation était régie par des syndics [1] et des prud'hommes [2] élus et choisis par les maîtres. Ils jugeaient les différends et avaient le droit d'imposer des amendes.

58. *Qui intervint encore dans l'organisation des corporations?*

Le pouvoir royal ne cessa d'intervenir dans l'organisation des corporations; elles le demandaient elles mêmes. Sous Louis IX, Étienne Boileau rédigea le *Livre des métiers* où figuraient cent une corporations parisiennes.

59. *A quoi servait ce Livre des métiers?*

Ce Livre des métiers constituait pour chaque corporation une sorte de charte lui assurant le monopole absolu de l'exercice de son industrie.

60. *Qu'entend-on par monopole?*

On entend par monopole le droit exclusif attribué à un seul individu, à une seule Compagnie d'exercer une industrie ou de se livrer à un commerce.

61. *Que signifie ce mot monopole appliqué au travail?*

Le monopole ou droit exclusif d'exercer une industrie signifie que l'on ne pouvait s'adonner qu'à un travail déter-

---

1. ‹ Syndic › vient d'un mot grec qui veut dire : « avec justice ».

2. « Prud'homme signifie brave, honnête homme.

miné, c'est-à-dire qu'il était défendu de faire un vêtement si l'on n'appartenait à la corporation des tailleurs et le raccommoder si l'on n'était de celle des fripiers.

CHAPITRE V

Phénomènes d'association et de solidarité aux temps modernes.

62. *Qu'arriva-t-il à la fin du moyen âge en France dans les corporations de métiers?*

Il arriva que les maîtres, dans leur désir d'écarter les concurrents, rendirent presque impossible à l'ouvrier le moyen d'arriver à la maîtrise.

63. *Que firent les ouvriers?*

Les ouvriers s'organisèrent, non sans causer quelques troubles, en associations indépendantes sous le nom de « compagnonnages » ou de « devoirs ».

64. *Ces associations indépendantes furent-elles approuvées par le pouvoir?*

Non, le pouvoir royal et l'Église condamnèrent ces associations indépendantes; mais, comme elles répondaient à un besoin, elles subsistèrent.

65. *Qu'était-ce que les compagnonnages?*

Les compagnonnages étaient surtout des associations de secours mutuels, d'instruction professionnelle et d'assurance réciproque.

66. *Quels étaient les moyens d'action des compagnonnages?*

Ils donnaient à leurs affiliés des mots et des signes qui leur servaient à se reconnaître entre eux. Ils facilitaient

2.

à leurs membres des voyages de ville en ville, dans un intérêt professionnel, et comme ils avaient dans tous les centres industriels des lieux de réunion et de rendez-vous, les compagnons y étaient hébergés jusqu'à ce qu'ils eussent trouvé du travail.

67. *Ces compagnonnages indépendants étaient-ils utiles?*

Ces compagnonnages étaient si utiles qu'ils traversèrent la Révolution de 1789 et furent même florissants et prospères pendant la première moitié du XIXe siècle, alors que les corporations étaient abolies.

68. *Existe-t-il encore des compagnonnages?*

Oui, quelques compagnonnages existent encore de nos jours, notamment chez les charpentiers, les boulangers, les tonneliers.

69. *Pourquoi les corporations de métiers devinrent-elles de plus en plus fermées?*

Les corporations devinrent de plus en plus fermées et ne se recrutèrent plus guère que parmi les enfants ou les parents des maîtres, parce que les redevances à payer par les ouvriers pour passer maîtres étaient si élevées qu'ils ne pouvaient y satisfaire.

70. *Le pouvoir s'opposa-t-il à cette élévation du prix des redevances?*

Non, le pouvoir royal l'encouragea plutôt, car il touchait sa part dans le payement des redevances. Il vendit même des lettres de maîtrise.

71. *A quoi servait une lettre de maîtrise?*

L'achat d'une lettre de maîtrise permettait de devenir « maître » sans passer par l'apprentissage et sans exécuter le chef d'œuvre exigé à l'origine. Déjà, sous Louis XIV, on achetait une charge de barbier, comme on achète aujourd'hui une charge de notaire.

72. *Cet état de choses était-il favorable à l'organisation du travail?*

Non; cet état de choses favorisait la routine et rendait impossible l'application des découvertes industrielles. Il nuisait à tel point à l'organisation du travail et au progrès que les corporations elles-mêmes tombèrent en décadence.

73. *Quel ministre obtint la suppression des corporations d'arts et métiers?*

En 1776, Turgot obtint du roi un édit supprimant les corporations d'arts et métiers et déclarant que le « droit au travail » est la propriété de tout homme, la première, la plus sacrée, la plus imprescriptible de toutes.

74. *Quand les corporations furent-elles définitivement abolies?*

Les corporations, rétablies trois mois après la chute du ministre Turgot, furent définitivement abolies dans la nuit du 4 août 1789.

75. *Que fit la Constituante en 1791?*

En 1791, la Constituante fit une loi qui proclamait la Liberté du Travail pour tous, sans enlever aux ouvriers le droit de se réunir et de s'associer.

76. *Cette loi ne fut-elle pas modifiée?*

A la suite de manifestations des corps de métiers qui troublèrent la paix publique, la Constituante vota une nouvelle loi en juin 1791 qui interdisait aux citoyens de même profession de se réunir et de se lier par des conventions sous peine d'amende et de prison.

77. *Comment faut il considérer la proclamation du principe de la Liberté du Travail?*

Le principe de la Liberté du Travail a été un grand bienfait; grâce à lui le commerce et l'industrie ont pris, à notre époque, un merveilleux essor.

CHAPITRE VI

L'association aujourd'hui. Les associations de capitaux. Les syndicats professionnels.

I

LES ASSOCIATIONS DE CAPITAUX

78. *Quelle nouvelle forme d'association s'est produite de nos jours?*

Le XIXe siècle a vu l'essor et le développement d'une forme d'association, rare autrefois, l'association des capitaux.

79. *En quoi ces associations se distinguent-elles des corporations?*

Avant la Révolution, les corporations mettaient tout en commun, non seulement les intérêts et les choses, mais unissaient aussi les hommes par un lien de solidarité fraternelle. Dans l'association des capitaux, les personnes disparaissent, les associés ne se connaissent pas : il n'y a entre eux qu'une solidarité d'intérêts.

80. *A quoi répondent les associations de capitaux?*

Depuis l'avènement de la liberté individuelle et de la liberté du travail, ces sociétés répondent à un besoin impérieux; en France, où la propriété est sans cesse morcelée par l'héritage, elles permettent l'agglomération des capitaux et facilitent les grandes entreprises.

81. *N'y a-t-il pas eu dans le passé des exemples de cette forme d'association?*

On trouve des exemples fort anciens d'association de capitaux chez les Lombards, en Angleterre et en France; mais c'est en Angleterre, au XVIIIe siècle, que ces associations prirent une forme analogue à celle qui subsiste aujourd'hui.

82. *Pourquoi l'association des capitaux est-elle un puissant agent de prospérité?*

L'association des capitaux est un puissant agent de prospérité parce qu'elle donne à l'industrie le moyen de grouper des éléments faibles et isolés et d'exécuter de grands travaux.

83. *Sous quelles formes l'association du capital a-t-elle pris le plus d'importance de nos jours?*

Sous la forme de sociétés en commandite et de sociétés anonymes.

L'*association en commandite* est formée d'actionnaires, de fondateurs et de directeurs.

La plus répandue et la plus en faveur aujourd'hui est la *société anonyme*, dans laquelle les actionnaires ou participants ne sont responsables que des versements auxquels ils se sont engagés.

84. *Ces sociétés sont-elles désignées sous un titre général comme l'étaient les corporations, les compagnonnages?*

Non, leur titre désigne le plus généralement l'objet de l'entreprise pour laquelle les capitaux ont été groupés :

« Chemins de fer du Nord, de l'Est » ;

« Mines d'Anzin », etc.

85. *Ces sociétés peuvent-elles se former sans l'autorisation du gouvernement?*

Oui, depuis la loi de 1867, ces sociétés se forment sans

l'autorisation du gouvernement; mais celui-ci s'est réservé le droit de contrôler leurs règlements.

86. Quel rôle joue la société anonyme dans notre organisation moderne?

Grâce aux sociétés anonymes, on a pu construire des chemins de fer, des canaux, exploiter des mines, éclairer des villes, entreprises qu'une seule personne, même avec de gros capitaux, n'eût pu accomplir.

87. Comment sont divisés ces capitaux?

Ces capitaux sont divisés par petites parts, ce qui permet à ceux qui ne disposent que de faibles sommes de contribuer aux œuvres publiques et de s'intéresser d'autant plus aux choses du pays.

88. Quel est le plus important exemple de sociétés anonymes?

Les plus grands et les plus importants exemples de sociétés anonymes sont les chemins de fer qui, en France, n'ont pas absorbé moins de 12 milliards pour leur construction.

89. Quelle est en réalité la plus vaste société anonyme?

La plus vaste société anonyme n'est autre que la Nation elle même. L'impôt payé par chacun permet à l'État d'assurer la sécurité des citoyens, d'entretenir l'armée, de subvenir aux dépenses administratives et d'exécuter les travaux d'utilité publique, le tout dans l'intérêt supérieur de la Patrie.

II

LES SYNDICATS PROFESSIONNELS

90. Connaissez vous une autre sorte d'association?

Il y a une autre forme d'association, qui donne au patron comme à l'ouvrier isolés le moyen de grandir et de multiplier leur puissance au point de vue social : c'est le *syndicat professionnel.*

91. *En quelle année se formèrent les chambres syndicales?*

Les premières chambres syndicales de patrons se fondèrent en 1864 et les chambres syndicales d'ouvriers en 1870. Longtemps tolérées, elles furent sanctionnées par une loi en 1884 et prirent depuis une grande extension.

92. *Quel est leur but?*

Leur but est de veiller aux intérêts moraux et matériels de la profession.

93. *La loi reconnaît-elle aux syndicats professionnels des droits civils?*

Oui, les syndicats ont des droits civils ; ils peuvent acquérir des immeubles nécessaires à leurs réunions à leurs bibliothèques, fonder des caisses de retraite, des écoles professionnelles, etc.

94. *Où siègent les syndicats professionnels?*

Les syndicats professionnels sont généralement groupés par nature d'industrie. A Paris, les syndicats patronaux du bâtiment ont un hôtel rue de Lutèce ; ceux des industries diverses en ont un rue de Lancry.

Les syndicats ouvriers, dans toutes les grandes villes, sont groupés dans les *Bourses du Travail,* qui sont des édifices municipaux.

95. *De quoi se préoccupent les syndicats professionnels?*

Les syndicats professionnels se préoccupent d'une manière constante des conditions du travail et des salaires selon les circonstances et des secours en cas de chômage ou de maladie.

96. *Quelle est l'utilité des syndicats agricoles?*

Les syndicats agricoles contribuent à transformer les

procédés de la culture française, réalisent l'abaissement du prix des engrais et des machines; quelques uns assurent même par voie de mutualité contre la grêle et la mortalité du bétail.

97. *Les syndicats professionnels sont-ils, sous une nouvelle forme, la reconstitution des corporations d'arts et métiers?*

Non, les syndicats professionnels ne sont pas la reconstitution des corporations d'arts et métiers. Celles ci étaient fondées sur un monopole qui supprimait la liberté du travail et elles avaient souvent pour résultat l'antagonisme entre patrons et ouvriers; les syndicats professionnels, au contraire, poursuivent la liberté du travail et l'entente entre ouvriers et patrons.

98. *A quoi peuvent contribuer les syndicats professionnels?*

Les syndicats professionnels, organisés d'une façon durable, peuvent contribuer à l'amélioration des conditions du travail et du sort des travailleurs, à la puissance industrielle et à la grandeur de la France.

CHAPITRE VII

Du salaire et de la participation aux bénéfices.

99. *Qu'est-ce que le salaire?*

Le salaire est le prix ou la rémunération du travail, d'un effort ou d'un service rendu.

100. *Que représente le salaire pour l'ouvrier?*

Le salaire est l'unique revenu de l'ouvrier, le prix de son travail, son seul moyen d'existence.

101. *Comment le salaire est-il fixé en France?*

Le salaire ou payement du travail est fixé d'avance, à l'heure, à la journée, au mois, à l'année; dix-huit millions de Français vivent de leur salaire comme ouvriers, artisans, employés, etc.

102. *Le travail est-il une marchandise?*

Oui, le travail est une marchandise que l'entrepreneur cherche à obtenir au plus bas prix possible et que l'ouvrier doit chercher à vendre le plus cher qu'il peut.

103. *Doit-on payer autant le bûcheron qui abat un arbre que l'ébéniste qui en fait un meuble de luxe?*

Au point de vue du droit naturel, on pourrait répondre : Oui, l'existence ayant les mêmes nécessités pour tous. Si l'on considère la justice, on répondra : Non, car il ne faut au bûcheron que de la force et du courage et il faut à l'ébéniste la science pratique.

104. *Pourquoi doit-on rétribuer davantage la science pratique?*

On doit rétribuer davantage la science pratique, parce que toute science ne s'obtient qu'avec le temps et coûte cher à acquérir; elle devient alors un capital auquel il est juste de donner une rémunération.

105. *Quelles différences y a-t-il entre les salaires?*

Il y a un salaire minimum et un salaire maximum; mais il est impossible d'établir des règles fixes pour les différences de salaire.

106. *Qu'est-ce que le salaire minimum?*

Le salaire minimum est celui que donne le patron à l'ouvrier quand le travail est rare et qu'il y a beaucoup de travailleurs inoccupés.

107. *Qu'est-ce que le salaire maximum?*

Le salaire maximum est celui qu'obtient l'ouvrier lorsqu'il ne rencontre pas la concurrence d'autres ouvriers cherchant du travail à un prix inférieur.

108. *Le maximum de salaire n'a-t-il pas une autre cause?*

Le maximum est encore déterminé par la valeur du produit de l'ouvrier, quand ce produit laisse un grand bénéfice après que le patron a déduit ses avances pour l'achat des matières premières, le loyer, l'intérêt des capitaux, etc.

109. *Que veulent dire ces mots : la loi de l'offre et de la demande?*

La loi de l'offre et de la demande, qui est à la base du salaire sur la comparaison et la concurrence, est expliquée par le mot saisissant d'un économiste anglais [1] : « Lorsque deux patrons courent après un ouvrier, les salaires haussent ; lorsque deux ouvriers courent après un patron, les salaires baissent ».

110. *N'y a-t-il pas une limite à la loi de l'offre et de la demande?*

Il n'y a pas de limite à cette loi ; mais il serait juste que le salaire minimum ne descendît jamais au-dessous de ce qui est strictement nécessaire à l'ouvrier pour vivre, lui et sa famille.

111. *La loi de l'offre et de la demande est-elle la seule cause de la variation du taux des salaires?*

Non, les variations perpétuelles du taux des salaires se produisent surtout depuis que les machines ont remplacé les bras, que de puissantes compagnies industrielles offrent du travail au delà des demandes immédiates et que l'aug-

1. Richard Cobden.

mentation de la richesse développe les besoins des acheteurs et accroît la production.

112. *Que peut-il résulter de ces variations?*

Ces variations, lorsqu'elles sont défavorables à l'ouvrier, provoquent souvent des grèves générales ou partielles; lorsqu'elles sont préjudiciables aux patrons, elles amènent le « lock-out » [1].

113. *Qu'est-ce que le lock-out?*

Le lock-out est une entente entre les patrons d'une même industrie pour suspendre le travail et fermer les magasins, chantiers et ateliers.

114. *A-t-on tenté d'établir une unité de salaire?*

Oui, au XVIIIe siècle, à Lyon, on a tenté d'établir une unité de salaire, notamment au moment de l'apparition des premiers métiers à filer, qui avaient paru une concurrence déloyale faite par la machine à l'ouvrier; mais on n'est parvenu qu'à produire des émeutes qui se sont calmées au fur et à mesure que les ouvriers se sont rendus compte que les métiers augmentaient la production et que dans bien des cas ils simplifiaient le travail de l'ouvrier.

Il était d'ailleurs injuste de mettre sur le même pied le travailleur et le paresseux, l'habile et l'ignorant.

115. *Le salaire de l'ouvrier a-t-il augmenté ou diminué?*

Depuis trente ans on peut constater l'augmentation progressive des salaires, en même temps qu'il a fallu cons tater l'accroissement des dépenses de la vie.

116. *Certains patrons n'offrent-ils pas à l'ouvrier une autre combinaison de salaire?*

Oui, certains patrons ont fait preuve de solidarité en

____

1. Mot anglais.

adoptant une autre combinaison de salaire qui fait de l'ouvrier un associé : c'est la *participation aux bénéfices.*

117. *Qu'appelle-t-on participation aux bénéfices ?*

On appelle participation aux bénéfices une répartition annuelle, faite entre les employés ou ouvriers d'un établissement, d'une part plus ou moins grande du bénéfice net réalisé pendant l'année.

118. *Ce système donne t-il de bons résultats ?*

Ce système a eu le plus souvent de bons résultats en créant un lien entre patrons et ouvriers et en augmentant le zèle et l'intérêt de l'ouvrier pour son travail.

119. *Doit-on en conclure que ce système supprimera le salariat dans l'avenir ?*

Non ; ce système ne peut amener la suppression du salariat dans l'avenir, car toutes les industries n'ont pas toujours des bénéfices à partager, et l'ouvrier, qui a des besoins journaliers, ne peut attendre pour être rémunéré que le succès d'une entreprise soit réalisé.

120. *Faut il souhaiter la suppression du salariat ?*

Oui, on peut souhaiter la disparition du salariat et rechercher une association plus complète entre les deux éléments de la production : le Capital et le Travail : mais ce serait un tort de considérer le salariat comme un servage ; il est le fait d'un contrat libre qui n'abaisse pas l'indépendance du salarié, et il convient de rechercher tous les moyens de perfectionnement dont il est susceptible.

121. *Comment les travailleurs pourront-ils s'affranchir du salariat ?*

Par l'association, qui leur facilitera l'épargne et la formation de capitaux [1].

1. Voir le chapitre XII, *La coopération.*

CHAPITRE VIII

Assistance publique et privée.

122. *L'Économie sociale, en constatant la misère, s'occupe-t-elle d'y remédier?*

L'Économie sociale indique à la société, au nom de la solidarité, les efforts à faire pour atténuer la misère et la secourir, de même qu'une armée en marche prend soin des blessés qu'elle laisse derrière elle.

123. *Comment l'ouvrier peut-il se préserver de la misère?*

L'ouvrier peut se préserver de la misère, en épargnant, en faisant partie d'une société de secours mutuels ou en contractant une assurance.

124. *A quoi l'ouvrier peut-il avoir recours si ces ressources viennent à lui manquer?*

L'ouvrier peut avoir recours à l'Assistance publique.

125. *A quelle époque fut fondée l'Assistance publique?*

L'Assistance publique fut fondée à Paris sous François Ier. C'était à cette époque un bureau général des pauvres entretenu par une taxe prélevée sur tous les habitants; mais, jusqu'à la Révolution de 1848, les services rendus par l'Assistance publique furent irréguliers et peu importants.

126. *La Révolution n'a-t-elle pas ennobli cette institution?*

Oui, la Révolution de 1793 a ennobli cette institution en inscrivant dans la Déclaration des droits de l'homme ce principe : « Les secours publics sont une dette sacrée. »

127. *Qu'entendez-vous par ces mots : Les secours publics sont une dette sacrée?*

Ces mots signifient que la société doit se préoccuper de prendre à sa charge les misères réelles, c'est-à dire les infirmes, les vieillards, les faibles d'intelligence, les orphelins et non pas les imprévoyants et les paresseux.

128. *Comment les secours publics sont-ils distribués?*

Les bureaux de bienfaisance, au nombre de plus de 15 000, distribuent les secours à domicile; les hôpitaux, les hospices et les asiles reçoivent les malades, les incurables, les vieillards, les enfants abandonnés et les aliénés.

129. *Combien y a-t-il de lits dans les hôpitaux en France?*

Les hôpitaux en France [1] contiennent 63 262 lits, dont 12 653 à Paris. Ils recueillent sans distinction d'âge, de sexe, de religion et de nationalité les malades atteints de maladies aiguës et guérissables. A ces établissements sont attachés les médecins et les chirurgiens les plus en renom.

130. *Combien y a-t-il de lits dans les hospices en France?*

Les hospices en France contiennent 78 161 lits, dont 13 907 à Paris. Ils donnent asile aux vieillards, aux enfants, aux malades incurables et aux aliénés.

131. *Quelles sont de nos jours les dépenses de l'Assistance publique?*

Les dépenses de l'Assistance publique sont, dans le département de la Seine seulement, de plus de 47 millions. Pour toute la France elles s'élèvent à 184 millions distribués tous les ans, sous les formes diverses que nous venons d'énoncer, par l'État, les départements et les communes.

---

1. Sans compter les hôpitaux militaires.

132. *Qu'appelle-t-on l'assistance privée?*

On appelle assistance privée les œuvres généreuses qui viennent alléger la tâche de l'Assistance publique, telles que : crèches, orphelinats, dispensaires, fourneaux économiques, caisses de loyers, asiles de nuit, etc., sans oublier les secours particuliers.

133. *Les secours doivent-ils être réguliers ou temporaires?*

Les différents secours apportés à la misère momentanée ne doivent être que temporaires. Le malheureux doit les envisager comme le marin considère le port qui l'abritera pendant une tempête, pour lui permettre ensuite de reprendre la mer.

134. *Le devoir de solidarité ne doit-il pas s'exercer en dehors de l'Assistance publique et des œuvres organisées?*

La solidarité nous commande encore de soulager directement, avec nos propres ressources, les misères qui nous entourent. Chaque rue, chaque quartier devrait avoir son comité de charité privée, seul moyen de prévenir les drames de la misère.

135. *Quel est le but de la solidarité?*

La solidarité sous toutes ses formes, assistance publique, œuvres de bienfaisance, charité privée, doit exercer sur le pauvre une action affectueuse qui le relève à ses propres yeux tout en améliorant son sort.

136. *Quelles sont les institutions les plus propres à conjurer la misère?*

Les institutions les plus propres à conjurer la misère sont les sociétés d'assurance, de prévoyance, de secours mutuels, les caisses de retraites, l'assistance par le travail, etc.

CHAPITRE IX

Les sociétés de secours mutuels.

137. *Comment l'ouvrier peut-il se garantir des malheurs imprévus qui le menacent?*

L'ouvrier peut en faisant partie de sociétés de secours mutuels se garantir des malheurs imprévus qui le menacent.

138. *Quel est le but de ces sociétés?*

.Le but de ces sociétés est de répartir aux temps de maladie et aux époques difficiles de la vie de l'ouvrier les épargnes réalisées dans les jours de prospérité et de santé.

139. *Comment les sociétés de secours mutuels peuvent-elles atteindre ce but?*

Les sociétés de secours mutuels obtiennent ce résultat en faisant payer chaque mois à l'ouvrier une cotisation modique.

140. *Comment peut-on lui venir en aide avec cette modique somme?*

Cette modique cotisation, n'étant pas seulement versée par un seul ouvrier, mais par beaucoup d'autres qui courent les mêmes dangers et les mêmes risques, forme ainsi un capital d'autant plus important que les membres de la société sont plus nombreux.

141. *A quoi sert ce capital?*

Ce capital sert à venir en aide à ceux d'entre eux qui sont frappés par l'adversité. Ils recueillent de cette façon le bénéfice de leur propre prévoyance et de celle des autres.

142. *Qu'arrive-t il à celui qui n'éprouve aucun malheur?*

Celui qui n'éprouve aucun malheur ne recouvre pas son argent, il est vrai; mais il a joui de la sécurité et, pour un faible sacrifice, s'est assuré contre la misère.

143. *Les sociétés de secours mutuels sont-elles une preuve de solidarité?*

Oui, les sociétés de secours mutuels sont une haute manifestation de solidarité.

144. *Dites-nous pourquoi.*

Parce que tous les membres sentent leur dépendance réciproque, leur utilité les uns pour les autres; ils « comprennent enfin à quel point le bien et le mal de chaque individu ou de chaque profession devient le bien ou le mal commun [1] ».

145. *Combien y a-t-il de sortes de sociétés de secours mutuels?*

Il y a deux sortes de sociétés de secours mutuels : les sociétés reconnues et approuvées et les sociétés autorisées.

146. *Qu'est-ce que les sociétés reconnues et approuvées?*

Les sociétés reconnues et approuvées sont celles qui soumettent leurs statuts, conformément à la loi, à l'approbation ministérielle; elles possèdent certains privilèges et avantages.

147. *Quels sont ces privilèges et avantages?*

Elles jouissent de la personnalité civile, d'un local gratuit fourni par la commune, de la remise des deux tiers des droits communaux sur les convois funéraires, de l'exemp tion des droits de timbre, enfin d'un intérêt de faveur pour les fonds qu'elles placent aux caisses de retraites et d'épargne.

1. Frédéric Bastiat.

148. *Qu'appelez-vous personnalité civile?*

On appelle existence civile le droit de prendre des immeubles à bail, de posséder des objets mobiliers, de recevoir des dons, legs, etc.

149. *Par quoi cette situation avantageuse est-elle justifiée?*

Elle est justifiée par l'établissement régulier des statuts, et le droit pour le gouvernement de donner des conseils et d'intervenir, au besoin, pour assurer la sécurité des placements et interdire les dépenses étrangères à la mutualité.

150. *Comment sont nommés les présidents de sociétés de secours mutuels?*

Autrefois les présidents étaient nommés par le gouvernement; depuis 1870, sous le régime libéral de la République, ils sont élus par les sociétaires eux-mêmes.

151. *Combien y a-t-il de sortes de membres dans ces sociétés?*

Il y a les associés participants et les membres honoraires.

152. *Qu'appelle-t-on membres honoraires?*

Les membres honoraires apportent leurs cotisations et renoncent aux avantages réservés aux participants.

153. *Les membres honoraires sont-ils utiles à ces sociétés?*

Oui, ces sociétés tirent de grands avantages de l'admission de membres honoraires. Non seulement cette admission augmente leurs ressources, mais elle établit des rapports de solidarité entre des hommes de positions sociales différentes et elle rapproche aussi les patrons et les ouvriers, car un grand nombre d'industriels se font inscrire comme membres honoraires.

154. *Combien y a-t-il de sociétés reconnues et approuvées en France et en Algérie?*

D'après les dernières statistiques publiées, il y a en

France et en Algérie plus de 7 000 sociétés reconnues et approuvées.

155. *Combien y a-t-il de membres honoraires et de membres participants?*

Il y a 195 000 membres honoraires.
Il y a 770 000 participants hommes.
Il y a 182 000 participants femmes et enfants.

156. *Quel est l'avoir des sociétés reconnues et approuvées?*

Les sociétés reconnues et approuvées possèdent un avoir de 161 millions de francs. Leurs recettes annuelles s'élèvent à 22 millions et les dépenses à 20 millions.

157. *Combien payent-elles de journées de maladie par an?*

Elles payent exactement 4 346 619 journées de maladie par an, soit en moyenne 12 000 par jour, secourant ainsi 298 576 personnes.

158. *Qu'est-ce que les sociétés simplement autorisées?*

Les sociétés simplement autorisées sont celles qui veulent vivre dans des conditions de liberté absolue et se gouverner selon leur gré.

159. *Par qui sont-elles autorisées à se former?*

Par le Préfet qui donne l'autorisation après examen des statuts; l'Administration n'intervient en rien dans la gérance des capitaux; elle se borne à veiller au calme des réunions et à ce qu'elles ne s'écartent pas de leur but. L'autorisation peut être retirée en cas de désordre.

160. *Combien existe-t-il de sociétés autorisées?*

Il existe 2 592 sociétés autorisées, groupant :
25 517 membres honoraires;
277 512 participants hommes;
53 019 participants femmes et enfants.

Possédant un avoir de 35 millions, leurs recettes annuelles s'élèvent à 9 millions et les dépenses à 7 millions.

161. Quels sont les secours que les sociétés reconnues ou approuvées et autorisées accordent à leurs participants?

Ces sociétés accordent à leurs participants : 1° des secours en cas de maladie, indemnités en argent, secours de médecins, médicaments, etc. ; 2° une pension viagère de retraite ; 3° en certains cas, une assurance au décès pour frais funéraires.

162. Quel est le prix de la cotisation mensuelle?

La cotisation mensuelle varie en général de 1 à 5 francs. Il y a également un droit d'admission.

163. A quoi servent les économies qui ont été faites sur les cotisations et les droits d'entrée?

Ces économies réalisées et accumulées servent à constituer les pensions de retraite.

164. Comment sont divisés les fonds dans les sociétés approuvées?

Dans les sociétés approuvées, les fonds sont divisés en deux parts qui sont déposées à la Caisse des dépôts et consignations. La première part sert à acheter des pensions viagères à la Caisse des retraites ; la seconde part reste libre ; elle constitue un fonds de réserve, les sociétés en disposent à leur gré.

165. Les sociétés autorisées ne devraient-elles pas jouir des mêmes faveurs que les sociétés approuvées?

Oui, les sociétés autorisées devraient jouir des mêmes faveurs que celles accordées aux sociétés approuvées, puisqu'elles rendent les mêmes services.

166. Ces sociétés doivent-elles rester étrangères les unes aux autres?

Non, il serait à souhaiter qu'elles pussent se syndiquer

entre elles, mettre leurs capitaux en commun et augmenter ainsi leurs moyens d'action.

167. *Quelle est la véritable mission des sociétés de secours mutuels?*

Les sociétés de secours mutuels, qui sont une forme de la prévoyance et de la solidarité, ont pour mission de faire face au plus grand nombre de misères et de parer au plus grand nombre des accidents de la vie.

168. *Vers quelle époque les sociétés de secours mutuels se sont elles développées en France?*

Leur développement ne date que de la seconde moitié de ce siècle; mais on en trouve des exemples dans la plus haute antiquité. On a cru en trouver une trace en Grèce par la découverte d'une statue dédiée à Minerve prévoyante.

169. *Quelles preuves avons-nous de l'existence de ces sociétés dans l'antiquité?*

En l'an 280 avant J.-C., on écrivait ceci : « Il existait chez les Athéniens et dans les autres États de la Grèce des associations ayant une bourse commune que leurs mem bres alimentaient par le produit d'une cotisation mensuelle. Le produit de ces cotisations était destiné à donner des secours à ceux d'entre eux qui avaient été atteints par une adversité quelconque. »

Cette citation n'est en réalité que la propre définition de nos sociétés modernes de secours mutuels.

170. *Les collèges d'artisans de Rome n'étaient-ils pas basés également sur le principe de la solidarité?*

Les collèges d'artisans à Rome étaient basés sur le principe de la solidarité; ils avaient pour objet principal la garantie réciproque.

171. *Citez quelques-uns des statuts des Ghildes germaniques, véritables sociétés de secours mutuels?*

On lit dans les statuts des Ghildes germaniques : « Si

quelque frère fait prisonnier perd sa liberté, il recevra de chacun des convives [1] 3 deniers pour sa rançon. Si quelque convive a souffert du naufrage pour ses biens et n'en a rien pu sauver, il recevra 3 deniers de chacun de ses frères. Si quelque convive tombe malade, que les frères le visitent et, s'il est nécessaire, qu'ils veillent près de lui », etc.

172. *En France, au moyen âge, l'association s'inspirait-elle des principes de mutualité et de solidarité?*

Au moyen âge, les règlements de nombreuses corporations contenaient l'obligation de payer périodiquement une cotisation. Ils comprenaient la plupart des avantages que nos sociétés de secours mutuels accordent à leurs membres : une indemnité en cas de maladie, enterrement des associés décédés, tutelle des orphelins, etc.

173. *Rappelez-nous ce qu'étaient les compagnonnages.*

Les compagnonnages étaient des associations d'instruction professionnelle et d'assurance réciproque, ayant pour base la solidarité.

174. *Quelle était la devise des six corps de marchands de la ville de Paris?*

Au moment le plus florissant des corporations, les six corps de marchands de la ville de Paris avaient une devise latine qui signifiait : « Une concorde fraternelle est notre bien. »

175. *Combien y avait-il en France d'associations mutuelles au commencement du xixe siècle?*

Vers 1820, dans les grands centres industriels de France, on connaissait 132 associations d'ouvriers groupant plus

---

1. Cette appellation de convive était restée aux Ghildes, parce qu'à l'origine leurs réunions étaient accompagnées d'agapes ou festins.

de 100 000 membres. Aujourd'hui le nombre de ces sociétés est de 9 300, comptant plus de 1 400 000 adhérents.

176. *Ces associations mutuelles existent-elles à l'étranger?*

La fondation en Angleterre des associations mutuelles semble appartenir à des protestants français expatriés par la révocation de l'édit de Nantes de 1598, mais elles datent surtout du commençement de ce siècle; elles ont pris le nom de *Trades Unions* et ont acquis une importance considérable. En Italie, où elles étaient connues depuis long temps, elles ont pris également un grand essor depuis 1886.

CHAPITRE X

L'assurance.

177. *Qu'est-ce que l'assurance?*

L'assurance est un acte de prévoyance en vue de réparer certains désastres dont l'homme est menacé dans ses biens, sa santé et sa vie; autrement dit, « c'est la coopération de tous pour garantir chacun des risques que la nature des choses fait courir [1] ».

178. *Quelle est la base de l'assurance?*

L'assurance est basée sur la mutualité; elle associe non les personnes, mais les intérêts, et d'après des règles mathématiques, elle donne à chacun suivant sa mise et l'importance du préjudice encouru.

179. *Qu'est-ce que contracter une assurance?*

Contracter une assurance, c'est se garantir par contrat le remboursement d'un dommage possible, en échange du

---

1. Horace Say.

payement d'une somme versée dans des conditions déter-
minées.

180. *De quoi se compose l'assurance?*

L'assurance comprend :
   Un assureur,
   La personne ou l'objet assuré,
   Le risque,
   La prime ou prix de l'assurance,
   La garantie,
   L'indemnité.

181. *Qu'est-ce que l'assureur?*

L'assureur est généralement une compagnie, c'est-à-dire une association de capitaux offrant les garanties nécessaires.

182. *Qu'est-ce que l'assuré?*

L'assuré est celui qui verse une cotisation périodique ou une somme fixe afin d'être dédommagé dans le cas d'accidents ou d'événements prévus par le contrat d'assurance.

183. *Qu'est-ce que la chose assurée?*

La chose assurée est l'objet ou la personne que l'on veut garantir des conséquences d'un accident ou d'un phénomène naturel, comme la vieillesse ou la mort.

184. *Qu'est-ce que le risque?*

Le risque est le péril que court la personne ou l'objet assuré et qui est spécifié dans le contrat d'assurance.

185. *Qu'est-ce que la prime ou prix de l'assurance?*

La prime ou prix de l'assurance est la cotisation que l'on verse à des époques fixes. Elle est déterminée par l'assureur après estimation de l'objet ou de la personne qu'on assure et proportionnelle aux risques courus.

186. *Donnez-nous quelques exemples de choses ou de personnes assurées.*

Le cultivateur assure sa récolte contre la grêle;

L'armateur, son vaisseau en cas de naufrage;

Le propriétaire, sa maison, et le locataire, ses meubles contre l'incendie :

Le père assure à son décès, à sa femme ou à ses enfants, le payement d'un capital;

Le fils, une rente viagère à ses vieux parents;

Enfin l'individu s'assure, à lui-même, un capital ou un revenu pour une époque déterminée.

187. *Quelles sont donc, d'après les exemples que vous venez de donner, les principales assurances?*

L'assurance contre l'incendie;

L'assurance agricole contre la grêle et la mortalité des bestiaux;

L'assurance contre les risques du transport;

L'assurance contre les accidents et particulièrement contre les accidents du travail;

L'assurance contre la maladie;

La rente viagère et l'assurance en cas de décès; c'est celle que pratique la Caisse nationale des retraites pour la vieillesse.

188. *Qu'est-ce que la garantie?*

La garantie consiste dans les capitaux sur lesquels l'entreprise est fondée. Cette garantie donnée par les capitaux s'augmente du produit des cotisations.

189. *Qu'est ce que l'indemnité?*

L'indemnité est la somme que l'assureur paye à l'assuré en dédommagement de l'accident qu'il a supporté ou du péril qui l'a atteint.

190. *Comment sont basées les assurances sur la vie?*

Les assurances sur la vie sont basées sur la statistique

de la mortalité. On a reconnu que la mortalité, selon les milieux et les climats, obéissait à des lois presque invariables d'après lesquelles on a établi le tarif des primes.

191. *Donnez-nous un exemple de ce tarif.*

Pour un capital de 100 francs que recevra l'assuré à la Caisse des Retraites au bout de vingt ans, il devra payer annuellement la prime suivante :

à 21 ans	2 fr. 01
à 22 —	2 06
à 23 —	2 11
à 24 —	2 16
à 25 —	2 21

192. *Que résulte-t-il de cet exemple?*

Il résulte de cet exemple que la prévoyance doit être pratiquée dès l'enfance, puisque, plus l'assurance est faite dans la jeunesse, moins la prime à payer est élevée.

193. *N'est-il pas une autre forme d'assurance sur la vie?*

Oui, il est d'autres formes d'assurances sur la vie : 1º l'assurance qui paye à la mort de l'assuré une certaine somme à ses héritiers; 2º l'assurance qui verse à l'assuré, à une époque fixe, une somme convenue. On assure de cette façon les jeunes enfants, qui à leur majorité se trouvent posséder un petit capital.

194. *Qu'est-ce que l'assurance mutuelle?*

L'assurance mutuelle, tontine ou assurance libre, n'est soumise à aucune règle. Un certain nombre de personnes versent chacune une cotisation sous condition de venir en aide à celles d'entre elles qui sont victimes d'un sinistre dans des circonstances prévues.

195. *L'assurance mutuelle n'émane-t-elle pas du principe de solidarité?*

Oui, l'assurance mutuelle est une des formes de la solidarité, car elle repose sur le sentiment de fraternité qui unit les hommes devant le malheur.

196. *A quelle époque a été créée la Caisse nationale des retraites pour la vieillesse?*

La Caisse nationale des retraites pour la vieillesse a été créée en 1850 sous la garantie de l'État. On peut dès l'âge de trois ans verser une cotisation d'après le tarif des primes d'assurances sur la vie. Le maximum de la pension est de 1 200 francs et l'entrée en jouissance de cinquante à soixante cinq ans.

197. *A qui s'adresse surtout ce mode d'épargne : l'assurance?*

L'assurance, qui devient une épargne obligatoire, avec cotisation à date fixe, se recommande surtout à l'employé et à l'ouvrier qui peuvent épargner pour leur vieillesse et pour leurs enfants.

CHAPITRE XI

L'épargne. — Les Caisses d'épargne. — Les Caisses d'épargne postales. — Les Caisses d'épargne scolaires.

I

LES CAISSES D'ÉPARGNE

198. *Qu'est-ce qu'épargner?*

Épargner, c'est savoir prélever une part du gain quotidien sans autre obligation que celle que commande la prévoyance.

199. *Que doit-on faire de l'épargne?*

Garder l'épargne à la maison est imprudent; on peut

craindre les voleurs et les tentations de dépense; c'est pourquoi on doit la confier à la Caisse d'épargne.

200. *Quelle sécurité offre la Caisse d'épargne?*

La Caisse d'épargne offre une sécurité absolue; elle sert des intérêts au déposant et garde le petit capital à l'abri, tout en le laissant à la portée de son propriétaire.

201. *Ne serait-il pas préférable d'acheter un morceau de terre ou une valeur mobilière?*

Si l'on achète avec son épargne un terrain ou une valeur mobilière, il sera difficile, impossible même de s'en défaire à un jour précis, tandis qu'en cas de chômage, de maladie ou de nécessités impérieuses, on peut retirer de la Caisse d'épargne, et par petites fractions, la somme qui vous appartient.

202. *Combien y a-t-il de Caisses d'épargne en France?*

Il y a aujourd'hui 544 Caisses d'épargne placées sous le patronage des communes, plus 1 115 succursales. En 1835, il n'existait que 159 Caisses d'épargne, plus 55 succursales.

203. *Comment sont administrées les Caisses d'épargne?*

Les Caisses d'épargne, qui répondent à un besoin populaire, sont administrées par un conseil de directeurs élus par le Conseil municipal [1] et composé de quinze membres. Les agents chargés du maniement des fonds sont soumis au contrôle et à la surveillance des receveurs et inspecteurs des finances.

204. *Quelles sont les opérations des Caisses d'épargne?*

Les opérations des Caisses d'épargne sont de deux sortes : d'une part, elles reçoivent les sommes déposées et les remboursent; d'autre part, elles font fructifier ces épargnes en accumulant les intérêts et en les ajoutant au capital.

---

1. Sauf quelques exceptions comme Paris, Lyon, Marseille, Bordeaux.

205. *A qui la Caisse d'épargne confie-t-elle les fonds déposés pour les faire fructifier?*

Une loi de 1837 a confié la mission de recevoir les fonds déposés aux Caisses d'épargne, tous frais de service assurés, à la Caisse des dépôts et consignations qui fonctionne sous la garantie de l'État et qui achète avec ces mêmes fonds des rentes, des obligations, des bons du Trésor, etc.

206. *Comment s'effectuent les versements à la Caisse d'épargne?*

Ces versements donnent lieu à la remise d'un livret individuel à chacun des déposants. Il est fait mention sur ce livret de toutes les opérations relatives aux versements, remboursements et comptes d'intérêts.

207. *Dans quelle proportion les Caisses d'épargne reçoivent-elles les versements?*

Le versement minimum est de 1 franc et le compte d'un déposant, qui pouvait aller jusqu'à 2 000 francs, ne peut plus excéder 1 500 francs depuis la loi de 1895.

208. *Comment s'effectuent les remboursements?*

Les Caisses d'épargne ne sont tenues d'effectuer les remboursements sur le vu des livrets que quinze jours après la demande, mais ce délai est un délai maximum; beaucoup de Caisses d'épargne y ont renoncé, soit en l'abrégeant, soit même en le supprimant.

209. *Qu'appelle t-on la clause de sauvegarde?*

La clause de sauvegarde, à laquelle on n'a encore recouru qu'en 1870, a été édictée ultérieurement pour parer en temps de crise aux dangers des remboursements subits et en masse.

210. *En quoi consiste cette clause dite de sauvegarde?*

D'après la loi de 1881, il est permis aux Caisses d'épargne

de ne rembourser que par acomptes de 50 francs au minimum et par quinzaine.

211. *Comment les intérêts sont-ils comptés?*

Les intérêts commencent ou cessent à partir du 1er ou du 16 de chaque mois qui suit le jour du dépôt ou qui précède le jour du remboursement.

212. *Quel est le taux de l'intérêt?*

Le taux de l'intérêt servi par les Caisses d'épargne est variable; il est actuellement de 2 fr. 75 à 3 fr. pour 100.

213. *Les déposants reçoivent-ils la totalité de cet intérêt?*

Les Caisses d'épargne ne donnent à leurs déposants que l'intérêt diminué des frais d'administration; pour la plupart des Caisses cet intérêt est de 2 fr. 50 à 2 fr. 80 pour 100 ; pour beaucoup d'autres et pour celles de Paris, de 2 fr. 75 pour 100.

214. *Qu'advient-il quand le compte d'un déposant est supérieur à 1 500 francs?*

Quand le compte d'un déposant est supérieur à 1 500 francs, les Caisses d'épargne achètent pour le compte de ce déposant des rentes sur l'État avec la somme qui excède ce chiffre.

215. *A quoi sert encore la Caisse d'épargne?*

La Caisse d'épargne sert aussi d'intermédiaire entre les déposants et la Caisse de retraites pour la vieillesse.

216. *Pourquoi l'institution des Caisses d'épargne est-elle garantie par l'État?*

Parce que, dit-on, « si les louis se défendent eux-mêmes, l'État a mission de protéger les gros sous ».

217. *Pouvez-vous donner un aperçu des chiffres statistiques indiquant l'importance des dépôts faits aux Caisses d'épargne?*

Au 1er janvier 1892, le nombre des livrets était de

7 683 000 [1], dont la valeur s'élevait à 3 milliards 560 millions.

Le montant moyen du livret était de 463 francs.

Il y avait 200 déposants par 1 000 habitants.

218. *Quelle était la valeur proportionnelle des livrets?*

La proportion des livrets était de :

2 417 000 livrets de	20 fr. et au-dessous [2].	
1 348 000 —	21 fr. à 100 fr.	
1 661 000 —	101 fr. à 500 fr.	
806 000 —	501 fr. à 1 000 fr.	
1 450 000 —	1 001 fr. et au dessus.	

219. *A qui doit-on la première idée des Caisses d'épargne?*

La première idée des Caisses d'épargne est due au français Delestre, qui l'exposa dans un traité paru en 1611.

220. *En quelle année a-t-elle été mise en pratique?*

L'idée de la Caisse d'épargne a été mise en pratique en 1778 à Hambourg et en 1791 en France sous le titre de Caisse d'épargne et de bienfaisance, connue sous le nom de tontine Lafarge.

221. *Quelle a été la première Caisse d'épargne?*

La première Caisse d'épargne fut créée en 1818 à Paris, grâce à la généreuse initiative des administrateurs d'une compagnie d'assurance maritime dirigée par M. Delessert. Cet exemple fut suivi dans quelques grandes villes; mais ces premiers essais n'étaient soumis à aucune réglementation légale.

1. Caisses d'épargne ordinaires et Caisse nationale d'épargne.
2. Dans ce nombre sont compris 273 754 livrets scolaires.

222; Quelle loi régularisa l'administration des Caisses d'épargne?

La loi qui régularisa l'administration des Caisses d'épargne fut votée en 1835.

II

LES CAISSES D'ÉPARGNE POSTALES

223. Pourquòi a t on créé des Caisses d'épargne postales?

On a créé des Caisses d'épargne postales, rattachées à une Caisse d'épargne nationale, parce que les Caisses d'épargne n'existaient que dans les grands centres et qu'on a voulu mettre à la portée de tous cette institution de prévoyance.

224. Comment fonctionnent les Caisses d'épargne postales?

Les Caisses d'épargne postales fonctionnent d'après les mêmes règles que les autres Caisses d'épargne et les bureaux de poste en sont les succursales.

225. La Caisse d'épargne postale a-t elle une constitution propre?

Bien que rattachée au service des Postes, elle a une constitution propre, distincte du budget général de l'État, et peut recevoir des dons et des legs.

226. Quels avantages offre la Caisse d'épargne postale?

Grâce à la Caisse d'épargne postale, « il est devenu facile d'aller chercher l'épargne de l'ouvrier et du paysan jusque dans les hameaux les plus reculés, et de la saisir, en quelque sorte, dans les mains de celui qui hésiterait entre une dépense inutile et un placement profitable ».

III

LES CAISSES D'ÉPARGNE SCOLAIRES

227. *Quel est le but de la Caisse d'épargne scolaire?*

La Caisse d'épargne scolaire a pour but de développer chez l'enfant des idées d'ordre et d'économie. Un enfant de sept ans économisant 10 centimes par semaine aura à sa majorité le petit capital de 100 francs.

228. *Comment fonctionne la Caisse d'épargne scolaire?*

La Caisse d'épargne scolaire est un intermédiaire qui verse aux Caisses d'épargne ordinaires ou postales les économies des enfants, lorsqu'elles ont atteint le minimum de 1 franc exigé pour les versements.

229. *De quelle époque date cette institution?*

C'est en France, à l'école municipale du Mans, en 1834, que le premier essai de cette institution a été tenté.

230. *Combien la Caisse d'épargne scolaire a-t-elle déjà recueilli?*

La Caisse d'épargne scolaire a déjà recueilli plus de 12 millions; la moyenne de l'épargne par élève et par semaine pour l'année scolaire est de 0 fr. 15.

231. *La Caisse d'épargne est-elle le dernier mot de la prévoyance?*

Non, l'épargne, si justifiée qu'elle soit, n'est qu'une forme toute personnelle de la prévoyance et les œuvres de solidarité, souvent plus productives, doivent lui être préférées.

232. *Dites-nous pourquoi.*

Parce que le retrait des fonds est facultatif et n'offre pas une digue assez forte contre la dissipation. Les sommes versées sont en général trop faibles pour être d'une ressource suffisante contre la maladie, le chômage ou la vieillesse. En sorte que les avantages qu'offrent les sociétés de secours mutuels sont bien supérieurs à ceux de l'épargne individuelle.

233. *Les Caisses d'épargne sont-elles appelées à rendre de grands services ?*

Oui, et les chiffres en font foi, les Caisses d'éparge continueront de fonctionner comme réservoirs des petites économies et en quelque sorte comme l'école primaire des petits capitalistes.

CHAPITRE XII

I

LA COOPÉRATION

234. *Que veut dire le mot coopération ?*

Le mot coopération veut dire « travail en commun et à profit mutuel ».

235. *Qu'est-ce que la coopération ?*

La coopération est une association qui a pour but de supprimer les intermédiaires et de mettre en rapports directs le producteur et le consommateur.

236. *Qu'est-ce qu'un intermédiaire ?*

On appelle intermédiaire celui qui achète les marchandises et les objets au fabricant pour les revendre en gros ou en détail.

237. *Quelle influence l'intermédiaire exerce-t-il sur le prix des marchandises?*

L'intermédiaire augmente souvent ce prix en proportion de ses frais et de ses risques.

238. *L'intermédiaire est-il indispensable?*

L'intermédiaire est souvent indispensable; par sa connaissance des goûts de la clientèle, il guide utilement le fabricant, le débarrasse des marchandises fabriquées et les tient en réserve pour les livrer aux consommateurs à la première demande.

239. *Comment la coopération remplace-t-elle l'intermédiaire?*

La coopération remplace l'intermédiaire en donnant le moyen à des personnes associées, ayant les mêmes besoins, d'acheter directement aux fabricants les marchandises en gros.

240. *Quels avantages ces personnes retirent-elles de cette coopération?*

En s'associant pour acheter directement aux producteurs, les associés bénéficient de l'augmentation que l'intermédiaire fait subir à la valeur première des objets.

241. *Qu'est-ce que la société cooperative?*

La société coopérative n'est qu'une forme nouvelle de la Solidarité dont les assurances, les Caisses d'épargne, les sociétés de secours mutuels constituent les bases.

242. *Quelle est l'origine de l'idée de coopération?*

On retrouve l'idée de la coopération au moyen âge dans les sociétés taisibles dont nous avons parlé; mais c'est au XIXᵉ siècle qu'il a été donné de voir et grandir les sociétés coopératives.

243. *Quels ont été de nos jours les initiateurs de l'association coopérative?*

Ce sont les ouvriers de Rochdale (Angleterre), de pauvres tisserands, qui ont été, de nos jours, les initiateurs de la coopération.

244. *Faites-nous le récit de l'œuvre des ouvriers de Rochdale.*

En 1844, au cours d'un terrible hiver aggravé par le chômage, ces ouvriers se réunirent pour trouver un remède à leur misère. Ne pouvant augmenter leurs recettes, ils voulurent diminuer leurs dépenses. Pour cela ils résolurent de se faire commerçants eux-mêmes et de se partager en détail, après les avoir achetés en gros, les objets nécessaires à la vie. Une contribution de quelques centimes par semaine produisit au bout d'une année une somme de 700 francs qui leur permit de louer une modeste boutique et de s'approvisionner de sel, de beurre, de farine et de gruau. Chaque associé venait à tour de rôle procéder à la vente; un an après, leur capital, qui avait triplé, leur servit à s'adjoindre successivement une boulangerie, une boucherie, un magasin de vêtements et de chaussures.

Cette société, célèbre dans l'histoire économique de notre temps, qui, vingt ans après sa fondation, possédait près de 5 000 membres et un capital de 1 375 000 francs, n'a fait que prospérer depuis; elle est connue sous le nom des *Équitables pionniers de Rochdale.* Elle mérite bien son nom, car les pauvres tisserands qui l'ont fondée ont été vraiment les pionniers de la coopération.

245. *Que fit le gouvernement de la République en 1848?*

Le gouvernement républicain de 1848 décréta « que les ouvriers doivent s'associer entre eux pour jouir des bénéfices de leur travail », et ouvrit un crédit de 3 millions de francs destinés à être répartis entre les associations librement contractées soit entre ouvriers, soit entre patrons et ouvriers.

246. *Ces associations pouvaient-elles participer aux travaux de l'État?*

Oui, une loi permit à ces associations d'exécuter des travaux de l'État, de sorte que vers 1851, à Paris et en province, nombre de sociétés pour le travail et de sociétés alimentaires étaient solides et prospères.

247. *Que devinrent ces sociétes?*

Le coup d'État de 1851 les fit disparaître presque toutes.

248. *Que fit plus tard l'Empire?*

En 1867, dans une loi revisant la législation concernant les sociétés, l'Empire introduisit un chapitre spécial sur les sociétés coopératives, mais sans que le mot *coopération* y fût inscrit. Elles furent désignées sous le nom de *sociétés à capital et à personnel variables.*

249. *Quelles sont les dispositions légales qui régissent actuellement ces sociétés?*

Le capital maximum pour ces sociétés est de 200 000 francs au début. Cette somme réalisée, on peut appeler annuellement un nouveau capital de même importance. Les parts d'actions sont de 50 francs chacune; elles demeurent toujours nominatives; chaque membre peut se retirer à volonté. La société peut commencer à fonctionner dès que le dixième des versements est effectué.

250. *Combien distingue-t-on de sortes de sociétés coopératives?*

Il y a plusieurs sortes de sociétés coopératives : 1º les sociétés coopératives de consommation; 2º les sociétés coopératives de crédit mutuel ou banques populaires; 3º les sociétés coopératives de production.

II

SOCIETÉS COOPÉRATIVES DE CONSOMMATION

251. Quelle est la définition des sociétés coopératives de consommation?

L'histoire des *Équitables pionniers de Rochdale* nous fournit la meilleure définition de ces sociétés : « Acheter en gros et au comptant, vendre en détail sans aucun crédit. »

252. Quels avantages la coopération de consommation procure-t-elle à ses adhérents?

Cette société peut donner à ses adhérents un bénéfice allant jusqu'à 10 pour 100 sur les achats, bénéfice qu'elle répartit entre ses associés, qui sont en même temps ses clients; elle permet, en outre, d'éviter les fraudes et les falsifications.

253. La coopération peut-elle s'étendre à la vente des marchandises diverses?

Oui, la coopération de consommation peut comprendre une infinité de marchandises. Les sociétés les plus prospères fournissent à leurs membres des vêtements et des chaussures. La plupart ne fournissent encore que des produits alimentaires et du pain qu'elles fabriquent elles-mêmes.

254. Les ouvriers sont-ils seuls intéressés à fonder des sociétés coopératives?

Les ouvriers ne sont pas seuls intéressés à former des sociétés de consommation. En Angleterre, les membres de l'armée, de la marine et de certaines administrations et même de beaucoup de familles sont groupés en sociétés coopératives. Il commence à en être de même en France.

En Suisse, en Allemagne, en Suède, en Russie, les

sociétés de consommation ont pris un tel développement que dans certaines régions et villes même, elles ont absorbé la presque totalité du commerce pour les besoins courants de la vie de tous les habitants.

Aucun éloge de leurs avantages ne peut être plus grand notamment au point de vue du bon marché de la vie et de la production.

. III

SOCIÉTÉS COOPÉRATIVES DE CRÉDIT OU BANQUES POPULAIRES

255. *Quel est le but des banques populaires?*

Les banques populaires ont pour but de mettre le crédit à la disposition des artisans.

256. *L'artisan a-t-il besoin de credit ou d'aide pécuniaire?*

Oui, l'artisan a besoin du crédit pour se procurer les instruments de travail, les matières premières et surtout pour lui permettre d'attendre la vente de ses produits.

257. *Quelle garantie de remboursement l'artisan peut-il donner?*

Ses garanties sont sa capacité professionnelle, son activité et son intelligence; mais de telles garanties sont encore difficilement acceptées.

258. *Pourquoi le travail est-il considéré comme une garantie insuffisante?*

Parce que la science économique n'a pas encore déterminé exactement les risques que court le capital lorsqu'il n'a d'autres garanties que le travail.

259. *Quels sont ces risques?*

Ces risques résultent de ce que le travailleur peut être

atteint par la mort, la maladie, le chômage, les crises industrielles, commerciales et politiques qui arrêtent la production.

260. *Comment a-t-on tenté de remédier à cet état de choses?*

On a tenté de remédier à cet état de choses en créant des banques populaires, rares encore aujourd'hui, mais qui sont appelées à prendre plus d'extension,

261. *Quelles tentatives ont été faites pour encourager les banques populaires?*

M. Rampal a légué à la Ville de Paris une somme importante, dont les arrérages sont consacrés à des prêts aux associations ouvrières.

262. *Les pays étrangers nous fournissent-ils des exemples de banques populaires?*

En Écosse, en Italie, en Allemagne, nous trouvons l'application de la mutualité et de la solidarité et le travail est commandité par le travailleur lui même.

263. *Qui a organisé en Allemagne les banques populaires?*

M. Schulze-Delitzsch a organisé des banques populaires fondées sur ce principe que le capital nécessaire aux affaires sociales doit être créé par les versements des membres de l'association, solidaires et responsables des dettes de l'association.

264. *Quelle durée ont les prêts dans les banques Schulze-Delitzsch?*

Les prêts ont une durée de trois mois au plus; toutes les catégories sociales y ont recours, soit pour acheter des instruments de travail, des matières premières, soit pour faire face à des circonstances exceptionnelles.

265. *Quel est le résultat de la solidarité des membres vis-à-vis des dettes de l'association?*

Cette solidarité présente une garantie telle que le public n'hésite pas à placer ses fonds dans les caisses populaires.

IV

SOCIÉTÉS COOPÉRATIVES DE PRODUCTION, DE CONSTRUCTION, ETC.

266. *Pour quelle raison des ouvriers associent-ils leur travail et leurs capitaux?*

Des ouvriers associent leur travail et leurs capitaux afin de partager entre eux le bénéfice intégral qui d'ordinaire revient aux patrons ou à l'entrepreneur.

267. *Ces associations sont-elles permanentes?*

Non ; elles ne sont pas nécessairement permanentes, elles peuvent se constituer en vue de l'exécution d'un travail déterminé et temporaire, comme l'ouverture d'une rue, la cons truction d'un pont, etc., ainsi que cela se pratique en Italie.

268. *Comment s'appellent ces associations de travailleurs?*

Ces associations, que visait spécialement la loi de 1867 et qui ont pris en France un grand développement, s'ap pellent sociétés coopératives de production.

269. *La Ville de Paris et l'Etat ont-ils encouragé les sociétés coopératives de production?*

Oui ; ils les admettent à entreprendre par voie d'adjudication des travaux publics, sans déposer de cautionnement, lorsque le montant de l'entreprise ne dépasse pas 50 000 francs ; des acomptes leur sont payés tous les quinze jours.

270. *La chambre consultative des associations ouvrières de production créée à Paris est elle utile?*

Cette chambre consultative donne l'exemple de l'esprit de solidarité en centralisant les efforts dés associations ouvrières de production de Paris dont plusieurs sont aujourd'hui très prospères [1].

1. Elle a fêté en juin 1896 le groupement de cent associations.

CHAPITRE XIII

La statistique : sa définition, son utilité, ses origines.

271. *Les phénomènes sociaux peuvent-ils se traduire par des chiffres?*

Les phénomènes sociaux peuvent se traduire par des chiffres, et l'ensemble de ces chiffres constitue la « statistique ».

272. *Que veut dire ce mot statistique?*

Le mot statistique veut dire situation. Napoléon en a donné une juste définition en l'appelant le « budget des choses », et Gœthe a dit : « Si les nombres ne gouvernent pas le monde, ils apprennent, du moins, comment le monde est gouverné. »

273. *L'État doit-il se rendre compte, par la statistique, de sa situation?*

Il est aussi nécessaire à un État de se rendre compte de sa situation à l'aide de la statistique qu'il est utile à un caissier de constater chaque jour la situation de sa caisse.

274. *Démontrez-nous par des exemples l'utilité générale de la statistique.*

La statistique révèle l'état de salubrité des cités et des campagnes; si l'on constate sur un point que la mortalité est plus grande proportionnellement au nombre des habitants, on en recherche la cause et l'on prend des mesures d'assainissement, comme l'interdiction d'habiter, l'évacuation des malades, la démolition d'immeubles insalubres, la suppression de puisards, de dépôts d'ordure, etc.

275. *Donnez-nous d'autres exemples.*

C'est la statistique qui révéla que les enfants envoyés en nourrice mouraient dans une proportion inquiétante; pour y remédier, on créa des inspecteurs des enfants du premier âge et la mortalité a sensiblement diminué.

276. *Quels services rend encore la statistique?*

C'est la statistique qui indique le chiffre exact de la population d'un pays; elle la divise par sexe, par âge, par profession, par nationalité.

277. *Est-il indispensable de connaître ces chiffres?*

Oui, car ces chiffres indiquent ainsi les sources de la puissance du pays; ils permettent d'établir les impôts avec plus d'équité et d'assurer le recrutement de l'armée.

278. *La statistique n'a-t-elle pas d'autre objet?*

La statistique fait connaître ainsi la fertilité du sol et ses différents produits, les conditions du développement commercial, l'état des moyens de communication, la situation des finances publiques, etc.

279. *Quels enseignements contient la statistique?*

L'homme d'État, le médecin, l'hygiéniste, le moraliste y découvrent les lois naturelles et sociales, car la statistique n'est autre chose que la précision scientifique mise au service de l'observation.

Les moralistes en tirent le plus grand profit pour fixer les mœurs et le caractère d'un peuple. C'est par la statistique des Caisses d'épargne que l'on s'aperçoit que le Français, réputé léger et insouciant, sait économiser et qu'il a pu payer une énorme rançon après la guerre de 1870.

280. *La statistique est-elle une science ancienne?*

La statistique, dont le nom est de date récente, est très ancienne; on disait autrefois : le dénombrement.

281. *Dans quel pays a-t-on constaté pour la première fois les résultats d'une statistique?*

Un empereur de Chine, deux mille ans avant Jésus Christ, avait divisé son territoire par provinces et classé ces provinces selon la perfection du labourage et la supériorité des produits.

282. *Le denombrement n'existait-il pas à Rome?*

Tacite, un écrivain latin, parle d'une statistique écrite de la main de l'empereur Auguste concernant l'état des richesses de l'Empire romain, le nombre des citoyens, des flottes, des revenus publics, etc.

283. *Quel est le fondateur des bureaux de statistique en France?*

Sully, ministre de Henri IV, organisa vers 1602 le premier office de statistique; mais c'est à François de Neufchâteau, ministre de l'intérieur, que revient l'honneur d'avoir créé en 1796 un service public chargé de réunir les éléments d'une statistique générale de la France.

284. *Comment fonctionnent aujourd'hui les bureaux de statistique?*

Actuellement, tous les ministères ont un service de statistique et publient les renseignements recueillis. Presque tous les gouvernements ont des bureaux de statistique et les grandes capitales : Londres, Berlin, Paris, ont des services de statistique municipale qui éditent des publications intéressantes.

285. *Quel est le dernier bureau de statistique créé en France?*

C'est l'*Office du Travail*, qui est chargé d'établir toutes les statistiques se rapportant au travail et aux travailleurs.

286. *L'utilité de la statistique est-elle universellement reconnue?*

Oui, la statistique est universellement reconnue comme

indispensable à toutes les sciences et au gouvernement des sociétés.

287. *Peut-elle être enseignée?*

Oui, la statistique peut être enseignée comme toutes les sciences, car elle a ses principes et sa méthode.

CHAPITRE XIV

Démographie, hygiène. — Rapports de la statistique et de la géographie.

288. *Qu'est-ce que la démographie?*

La démographie ou statistique humaine est l'histoire naturelle de la société.

289. *Quelle est la base de la démographie?*

La démographie est basée sur le recensement; elle constate la population du pays et la divise par âge, sexe, profession, demeure, nationalité, religion. Depuis 1801, les recensements sont réels; jusqu'alors, ils n'étaient qu'approximatifs.

290. *Que nous enseigne la démographie?*

Elle nous enseigne, par exemple, que la population française s'accroît actuellement de 50 000 habitants par an, que les villes se peuplent et que les campagnes se dépeuplent.

291. *Quelle est la proportion de ce mouvement de la population vers les villes?*

. Sans connaître exactement la proportion de ce mouvement, il est si continu et si régulier que l'on peut prévoir qu'en 1930 la population des villes égalera celle des campagnes.

292. *Combien y a-t-il d'étrangers résidant en France?*

Les étrangers résidant en France sont dans la propor tion de 3 sur 100 habitants.

293. *Combien y a-t-il d'hommes et de femmes?*

Sur 10 000 habitants, il y a 5 035 hommes et 4 965 femmes, soit une différence de 70 en faveur du sexe masculin.

294. *Quel est l'âge moyen de l'homme à son mariage?*

L'âge moyen de l'homme à son mariage est de vingt-huit ans; celui de la femme est de vingt-trois ans et demi. Il est démontré que l'on se marie moins dans les villes que dans les campagnes.

295. *Quelle était la mortalité au commencement du siècle?*

Au commencement du siècle la mortalité annuelle était de 26 pour 1 000 habitants; aujourd'hui, elle n'est que de 22 pour 1 000, ce qui dénote une constante amélioration.

296. *Combien enregistre-t-on de naissances pour 1 000 habitants?*

La France est au dernier rang des nations pour la natalité; on n'y enregistre que 23 naissances par an pour 1 000 habitants; en Allemagne, les naissances sont de 39 pour 1 000; en Italie, de 36 pour 1 000; en Angleterre, de 35 pour 1 000.

297. *A quoi servent ces différentes constatations?*

Ces différentes constatations nous montrent la démographie comme un avertisseur, véritable sonnette d'alarme invitant à prendre des mesures pour prolonger la vie humaine par l'hygiène, l'assainissement et la salubrité des villes.

298. *Quels sont les rapports qui existent entre la démographie et la géographie?*

L'étude comparative des tableaux de statistique française avec ceux des autres pays, étude intéressante et nécessaire, nous conduit tout naturellement à la géographie.

299. *Suffit-il de connaître la géographie physique des contrées du globe?*

Non; il ne suffit pas de connaître la nomenclature des principaux fleuves, caps, montagnes et volcans du globe; il faut encore s'attacher à étudier les pays eux-mêmes et leurs peuples.

300. *Pourquoi doit-on étudier les pays eux mêmes et leurs peuples?*

On doit étudier la nature du sol, savoir ce que les climats, les rivières amènent de phénomènes particuliers dans le mouvement de la population, dans les productions, dans le commerce, pour connaître les chiffres de ces productions métallurgiques, industrielles, agricoles et les comparer aux pays voisins.

301. *Quelle est la superficie des terres de notre planète?*

On a évalué la superficie des terres à 14 milliards d'hectares.

302. *Quelle est la population du globe terrestre?*

La population du globe est évaluée à 1 milliard 400 millions d'habitants.

303. *Quelle surface de terrain cultivé peut suffire à nourrir deux habitants?*

Dans les pays bien cultivés, comme en Normandie, 1 hectare peut nourrir deux habitants.

304. *Quelle conclusion doit-on tirer de ces chiffres?*

Si l'on tient compte des terrains moins fertiles, de ceux

qui sont encore en friche (environ les neuf dixièmes), on peut en conclure que l'humanité est loin d'avoir atteint tout son développement.

305. Quelles conclusions peut-on tirer de ces indications au point de vue du choix des professions?

On peut conclure du rapprochement de ces chiffres l'indication qu'une des ressources offertes aux habitants des villes et des campagnes du vieux continent est d'aller vers les nouveaux continents chercher du travail, répandre les fruits de la science et du progrès, et en rapporter les bienfaisants résultats, fortune ou gloire, à la mère patrie : n'est-ce pas une manière de servir utilement son pays et soi-même?

CHAPITRE XV

La statistique sociale.

306. Quelle est la statistique la plus importante?

La plus importante statistique, celle qui intéresse le plus les grands problèmes sociaux, est la statistique du travail, que nous appelons statistique sociale.

307. Quel est le rôle de la statistique sociale?

Les corporations n'existant plus et le travail étant libre, la statistique sociale éclairera le travailleur et le renseignera sur les besoins immédiats des différents métiers ou professions.

308. Donnez-nous un exemple de l'utilité de ces renseignements.

On a constaté au recensement de 1886 qu'il suffisait de

8 à 9 000 ouvriers pour la fabrication du pain à Paris, et la statistique a prouvé qu'il en existait environ 12 000.

309. *Que démontrent ces chiffres?*

Ces chiffres démontrent que plusieurs milliers de ces ouvriers boulangers sont fatalement condamnés au chômage, quelle que soit la bonne volonté déployée par les chambres syndicales pour les placer et par les patrons pour les employer.

310. *Pouvez-vous nous citer d'autres exemples?*

De nombreux exemples analogues pourraient être cités dans diverses professions, et nous voyons qu'il en est de même des instituteurs et institutrices primaires : on compte, à Paris, 2 000 postulantes, et le nombre des places disponibles, chaque année, n'excède pas 100.

311. *Qu'arriverait-il si l'on consultait les tableaux de statistique professionnelle?*

Ces statistiques affichées dans les mairies et les chambres syndicales permettraient aux parents qui les consulteraient de diriger leurs enfants dans le choix d'un état et ce choix se porterait naturellement vers les professions les moins encombrées, où les chances de prospérité sont plus certaines.

312. *Cela veut-il dire qu'il n'y aurait jamais d'ouvriers inoccupés?*

Non, il y aurait seulement moins d'inégalité dans la répartition du travail et moins de chômage; car, si la statistique est bonne conseillère, elle ne saurait prévoir toutes les éventualités économiques et les transformations de l'industrie qui ne peuvent s'opérer sans crise.

313. *L'introduction des machines a-t-elle été funeste aux travailleurs?*

L'introduction des machines à vapeur a modifié profondément l'organisation du travail dans la première moitié de ce siècle. Mais, si les machines à vapeur ont nécessité la suppression de beaucoup de bras, elles occupent aussi un grand nombre d'ouvriers à extraire et à transporter la houille, à forger et à travailler le fer avec lequel ces machines sont construites. Elles ont de plus développé la production dans des proportions considérables et permis de satisfaire à bon marché à un nombre immense de besoins.

314. *L'invention des machines à coudre et à broder n'est-elle pas préjudiciable aux ouvrières ?*

L'emploi de ces machines n'est pas préjudiciable aux ouvrières pour cette raison que, si l'on produit davantage, on consomme aussi en plus grande quantité.

315. *Quel enseignement doit-on retenir de ces premières leçons d'Économie sociale ?*

Ces premières leçons d'Économie sociale nous apprennent que l'enfant, qui sera plus tard un soldat de la vie, doit être armé le mieux possible pour en surmonter les difficultés; en le renseignant sur les conditions du milieu social dans lequel il est appelé à vivre, l'étude de l'économie sociale lui facilitera les moyens d'aplanir sa route dans l'existence et d'y marcher victorieusement.

TABLE DES MATIÈRES

Armand COLIN et Ce, Éditeurs.

CHARLES DUPUY

Agrégé de l'Université, ancien inspecteur d'Académie
Vice recteur honoraire
Ancien ministre de l'Instruction publique
Député de la Haute Loire

Livrets d'Instruction
ET D'ÉDUCATION

La collection des Livrets Charles Dupuy forme deux séries :

1° CERTIFICAT D'ÉTUDES

Livret de Morale. 30
Le même, Opuscule du Maître. . . . . » 30
Livret d'Instruction civique. . . . . » 30
Le même, Opuscule du Maître. . . . . » 30
Livret d'Histoire. . . . . » 30
Le même, Opuscule du Maître. . . . . » 30
Livret de Géographie. . . . . » 30
Le même, Opuscule du Maître. . . . . » 30
Livret de Sciences élémentaires. . . . . » 30
Le même, Opuscule du Maître. . . . . » 30
Livret de Botanique agricole. . . . . » 30
Le même, Opuscule du Maître. . . . . » 30
Livret d'Économie domestique (filles). . . . . » 30
Le même, Opuscule de la Maîtresse. . . . . » 30
Livret d'Éducation morale (garçons). . . . . » 30
Le même, Opuscule du Maître. . . . . » 30
Livret d'Anti-alcoolisme. . . . . » 30
Le même, Opuscule du Maître. . . . . » 30

VILLARS. — Économie sociale.

Traité de Droit usuel et d'Économie politique, par M. ÉMILE GANNERON, secrétaire-rédacteur au Sénat. **Droit public.** **Droit privé.** — **Économie politique.** 1 volume in-12 avec lexique, broché, 1 fr. 75; cartonné....... **2 fr.**

Droit public : Éléments d'organisation judiciaire.   Institutions financières.   Organisation militaire.

Droit privé : Des personnes.   Droits concernant les biens.   Des contrats.   Transmission des biens d'une personne décédée.

Économie politique : La production des richesses.   La circulation des richesses. — Économie sociale.   Questions diverses (le luxe, la population, l'État).

Notions élémentaires d'Hygiène pratique, suivies d'un appendice contenant tous les renseignements utiles à consulter par les familles. **Hygiène privée.** — **Hygiène publique.** — **Médecine usuelle,** par M. le Dr GALTIER-BOISSIÈRE. 1 vol. in-18 jésus, avec *8 planches coloriées* et *295 gravures*, broché, **3 fr. 50**; relié toile.   **4 fr.**

Un *appendice,* très important, contient une foule de *renseignements pratiques :*

Moyens à employer pour éviter de se noyer et venir en aide aux personnes en péril de submersion. — Principales falsifications des aliments et des boissons et procédés faciles pour les reconnaître. — Pharmacie de famille. — Principales applications des plantes des champs.   Moyens à employer contre les empoisonnements. — Hygiène publique (lois et règlements protégeant la santé publique; procédés de désinfection, etc.).

www.ingramcontent.com/pod-product-compliance
Lightning Source LLC
LaVergne TN
LVHW020215030726
842520LV00003B/1079